穏やかな心になれる

ブッダの言葉

エッセイ

二千年前に現れ、古代インド社会を揺るがすような新しい思想をもたらしたブッダ（お釈迦さま）は、後に世界四大宗教の一つに数えられる「佛教《ぶっきょう》」をつくりました。相手の目線に合わせた分かりやすい説法によって、遊女から大貴族まで多くの人々がブッダのもとに集ったのです。その教えは現代を生きる私たちの心にも響きます。

この本は『ダンマパダ』『スッタニパータ』といった原始佛典におけるブッダの教えを、私たちの日常生活に落とし込んだエッセイです。ブッダが伝えたかったことをイメージしながら、読み進めていただければと思います。

日常の中で壁にぶち当たった時、『ブッダの言葉』は現実に即した核心を突く言葉で、生き方を教えてくれます。ブッダがそうであったように、いつか私たちも人生に起こるいいことも悪いことも、穏やかな心で受け止められたらと願います。

厳しい言葉が並んでいるように見えますが、ブッダの愛情あふれる言葉には、あなたの人生を切り拓くヒントが散りばめられています。『ブッダの言葉』と共に、この本が自分を見つめるきっかけになれば嬉しいです。

第一章　心を見つめ磨く

第二章　生き方を整える

第三章　人間関係を見直す

第四章　うつり変わりを受け入れる

※本書では、旧字体の「佛」という漢字を使用しています。この文字は「人」と「弗」の偏《へん》と旁《つくり》を合成した形声文字です。「人」は、立っている人を横から眺めた形を表す象形文字で、「弗」は縦の二本の線が反り返って合わないものを示し、「背く」を表す会意《かいい》文字です。中国洛陽白馬寺に佛教が伝来した永平10年（67年）、梵語《ぼんご》ｂｕｄｄｈａの音訳に「佛陀」が用いられ、佛は一般には「ホトケ」を意味することとなりました。佛は人でありながら人で非《あら》ず（弗）、悟った人であるということが、音だけでなく文字の持つ意味で表されています。現在は、「佛」を「仏」と表記することが多いですが、旁の「厶」は単なる記号にすぎません。佛教者としては、「佛」の文字に含まれる意味も大切にしたいものです。

第一章
心を見つめ磨く

自然体が幸せになるコツ

（ダンマパダー）

素敵な人だと思われたい
小さな見栄が生んだ嘘。
その嘘は影法師のように
ずっとあなたにつきまとう。

素敵に歳を取りたいなら
嘘と偽りはやめよう。
もの分かりのいい大人を演じなくていい。
いつまでもキレイね
なんて褒められなくていい。

ものごとは心にもとづき、心を主とし、心によってつくり出される。もしも、汚れた心で話したり行ったりするならば、苦しみはその人につき従う。──車をひく牛の足跡に車輪がついてゆくように。

ありのままのあなたで生きよう。
小さな嘘をつかなくても
自然体でさらりと過ごせる
そんな生き方が
春の海のような幸せへ
あなたを導いてくれるから。

怒りの連鎖を、断ち切れ

握り締めたこぶしの中は
汗でぐっしょりだ。
それは怒りの握りこぶし。
そのこぶしを相手へと打ち下ろす前に
心の声を聴いてごらん。

心は言っている。
今復讐するのは
相手より下の次元に堕ちることだと。

（ダンマパダ5）

実にこの世においては、怨みに報いるに怨みを以てしたならば、ついに怨みの息（や）むことがない。怨みを捨ててこそ息む。これは永遠の真理である。

うずくような怒りにつかまったら
心に大河を思い描き
濁流の中へその怒りを流し去れ。

復讐は、勇気ではない。
怒りの連鎖をそこで断ち切る力
それこそが、真の勇気。

何が正しいか、本当は分かっている

（ダンマパダ11）

心はすでに知っている。
何が本物で、何が偽物か。
何がダメで、何が良いのか。

ただ、真実の指し示す方向に
まっすぐ進んでいけないだけだ。
世の中には心を惑わすものが
あまりにもたくさんあるから
ついうっかり、つまずいてしまうだけ。

真実ではないものを、真実であると見なし、真実であるものを、真実ではないと見なす人々は、誤った思いにとらわれて、ついに真実に達しない。

心はちゃんと知っている。
本当の愛なんて、はるか遠くの異郷には存在せず
あなたのすぐ近くにあること。

私たちはすでに分かっている。
本当に価値あるものは
過去一度として高値で取引されず
無料でそこらへんに打ち捨てられてきたこと。

心のコントロール

軽くアクセルを踏んで、ハンドルを切る。
免許を取ったばかりの頃は
毎日の運転は緊張の連続。
それでも月日が流れ
子どもの送り迎えや仕事で慣れてくると
楽々と大きな車体もコントロールし
スムーズに目的地まで到着できる。

制御が必要なのは
車も、身体も、心も全く同じだ。

（ダンマパダ35）

心は、捉え難く、軽々（かろがろ）とざわめき、欲するがままにおもむく。その心をおさめることは善いことである。心をおさめたならば、安楽をもたらす。

安全のためには
欲望のままにアクセルを踏み込まないこと。
時に注意深く止まって
時にしっかり四方を見回して。
その心の制御こそが
あなたを真実の幸せへと運んでくれる。

その成功に、舞い上がらないで

（ダンマパダ40）

ちっぽけな成功で
そんなに興奮しちゃダメだ。
気持ちは分かるけど
あまり浮足立たないで。

長年の努力がようやく実を結んで、
嬉しいのは分かる。
でも、ようやく成功が見えてきた
今だからこそ
今まで以上に注意深くなろうよ。

この身体は水瓶のように脆いものだと知って、この心を城郭（じょうかく）のように堅固に安立して、智慧（ちえ）の武器をもって、悪魔と戦え。勝ち得たものを守れ。——しかもそれに執著（しゅうじゃく）することなく。

何にって、自分の傲慢な気持ちに。
あたりかまわず叫びまわって誇りたい
わきあがる虚栄心に。
限りない謙虚さこそ
君のさらなる成功の鍵。
だから今、ふわふわと舞い上がる心を、抑えて。

ずっと一緒にいられないから

（ダンマパダ43）

いつも早起きして
あったかいごはんを用意してくれたお母さん。
どんなに疲れていても
笑顔で抱き上げてくれたお父さん。
それはうつり変わる時の中の一瞬の思い出。

最愛の親兄弟でも
あなたの人生に永遠に寄り添うことはできない。
やがて「さよなら」と手を振り
あなたを置いて去っていく日が必ず来る。

母も父もその他親族がしてくれるよりもさらに優れたことを、正しく向けられた心がしてくれる。

だから、その時に備えよう。
自分の心を鍛えていこう。
すべての別れを経験した後に
あなたを支えるのは
自分自身の心の強さ
ただ一つだけ。

そんなに彼女が気になるの

（ダンマパダ50）

彼女の仕事ぶりが、どうしてそんなに気になるの。
あなたにちょっぴり競争心を抱いている彼女。

だからってあなたまで
キリキリと神経質に向き合って。
まるで、互いのしっぽを飲み込んで
丸くつながった二匹の蛇みたい。

彼女の装いが、どうしてそんなに気になるの。
確かに、小ワザの効いたセンスの良さが

他人の過失を見るなかれ。他人のしたことしなかったことを見るな。ただ自分のしたこととしなかったことだけを見よ。

光っているけど。
ちょっと机から離れようよ。
あなたさっきから彼女のほうに
身体ごと傾いている。

自分の手元を見てごらんよ。
あなたの仕事、朝から一つも進んでないじゃない。

ひどい上司こそ、よい教師

上司がちょっと酷すぎる？
自分のミスは部下のせい
部下の成果は自分の手柄
それじゃ確かに部下は大変。

だからって転職するのは考えもの。
どんな会社にもおかしな連中はいる。
次が最良の職場とは限らない。

考え方を変えてみよう。

（ダンマパダ25）

思慮ある人は、奮い立ち、努め励み、自制・克己（こっき）によって、激流も押し流すことのできない島をつくれ。

困った上司こそ、反面教師。
ダメな部分から山ほど学べる。

いつか自分が出世したら
こんな指示は部下へ出すまいと
使われる側の苦しさが
しみじみ学べるよいチャンス。

タカじゃなくて、蛙

お母さんより、私のほうが優秀だって
お母さんより、私のほうがキレイだって

トンビが鷹を産んだなんて
みんなに言われて
一人で舞い上がっていた私ってばかみたい。

結局、生きるステージにおいては
お母さんと私は全く同じだった。
真剣に人を愛して

（ダンマパダ63）

もしも愚者がみずから愚であると考えれば、すなわち賢者である。愚者でありながら、しかもみずから賢者だと思う者こそ、「愚者」だと言われる。

同じように、その愛に苦しんでいる。
まさに蛙の子は蛙。
一瞬でもお母さんより
私のほうが優れているなんて
思っていた自分が、哀しいね。
何も言わず笑顔で見守ってくれて、ありがとう。

その道は、引き返そうよ

もういい大人なんだから
絶対に後悔するって分かるはず。
その道をそのまま進むと
泣きぬれるって分かるはず。

刺激と興奮を求めてやまない
10代の少年じゃないんだから
指先から全身まで
震えるほど惹きつけられる道であっても
ちょっと気をつけて

（ダンマパダ67）

もしも或る行為をした後に、それを後悔して、顔に涙を流して泣きながら、その報いを受けるならば、その行為をしたことは善くない。

進む前に遠くから眺めてみようよ。
違う角度からも眺めてみようよ。
ぞっとするような真の姿が
浮かび上がって見えるかもしれない。

その道は、暗闇の道、危うい道。
涙で悔いる前に、引き返すのが賢明な道。

薬師寺東院堂の祈り

入母屋《いりもや》造《づく》りのお堂は
開け放たれている。
観世音菩薩さまのお姿を拝もうと
手を合わせる人が絶えないからだ。

匂い立つようなそのお姿は
まるで異国の乙女のようであり
若き青年の姿を思い起こす。
膝を折って人々は
一心に手を合わせ祈っている。

（ダンマパダ79）

真理を喜ぶ人は、心清らかに澄んで、安らかに臥（ふ）す。聖者の説きたまう真理を、賢者は常に楽しむ。

まるで母を慕う息子たちのように。
自らの罪深さを悔いる息子たちのように。
この光景は奈良の昔から連綿と続いてきた
祈りの景色。
白鳳の息吹が今によみがえる
東院堂の朝。

いつも心は明るく

成果を出した人に出会ったら
素直に相手を褒めよう。
誰かに助けてもらったら
いさぎよく感謝を口に出そう。
「すごい結果を出したね」
「おかげで助かったよ」

本当は心の中に炎が揺れている。
自分にはできないことをした相手への
嫉妬の炎だ。

（ダンマパダ183）

すべて悪しきことをなさず、善いことを行ない、自己の心を浄（きよ）めること、――これが諸の佛の教えである。

でも、それでいい。
あなたが相手を褒めた瞬間
嫉妬の炎は
ゆらり揺らいで半分となり

相手の嬉しそうな笑顔を見た瞬間
その半分の炎すら
吹き消されてしまうのだから。

あなたは幸せになれないのかな

（ダンマパダ326）

美しい戸建ての家。
夫婦で力を合わせて、手に入れた家。

でもお隣さんの新築には、広々とした芝生の庭。
やっぱり庭が広くないと一軒家はダメね。
うちなんて
猫のひたいほどの庭しかついていないのよ。

あなたの言葉に、ご主人はちょっと哀しそう。
猫のひたいのような庭では

この心は、以前には、望むがままに、欲するがままに、快（こころよ）きがままに、さすらっていた。今や私はその心をすっかり抑制しよう、――象使いが鉤（かぎ）をもって、発情期に狂う象を全く押さえつけるように。

あなたは幸せになれないのかな。
日当たりは、あなたの家のほうがよさそうなのに。

ほら、お隣さんの猫ですら
あなたの家の小さな庭で、あんなに幸せそうに
くつろいで丸くなっている。

たった一つの命だけれど

ねえ、犬を飼おうよ。
一度行きたい場所があるの
保健所や動物愛護センター。

正直、少し怖いんだ
人間のエゴで処分される
動物たちのあの眼差し
哀しい目に見つめられたら。

仮に私たちが引き取っても

（スッダニパーター49）

あたかも、母が已（おの）が独り子を命を賭けて護るように、そのように一切の生きとし生けるものどもに対しても、無量の〈慈しみの〉意を起こすべし。

不幸な何千匹の中の
しょせんは一匹、虚しいね。

それでもその一つの命
かけがえのない魂だ。
私たちが救えるなら
勇気を出して迎えようよ。

運の良さだけでは、栄光をつかめない

（般泥洹経《はつないおんきょう》）

トップランナーと呼ばれる人の成功は
運の良さだけじゃない。

たとえ彼らが
「僕は運が良くてね」と言っていても
その言葉の裏には
血のにじむような鍛錬《たんれん》がある。

みんなが避ける道を、一人黙々と進み
みんなが楽しむ時に、一人学び続けた。

弟子たちよ、これまでおまえたちのために説いた私の教えは、常に聞き、常に考え、常に修めて捨ててはならない。もしも教えの通り行うならば、常に幸いに満たされるであろう。教えの要は心を修めることにある。

だからこそ
彼らはトップランナーという栄光を手にした。

「あの人は運が良いから」で
分かったつもりにならないで。
彼らの栄光の裏にある、努力と研鑽《けんさん》の日々から
あなたは、目をそむけないで。

今なら、きつい言葉も素直に聞ける

（ウダーナヴァルガ22章5）

ようやく転職できた会社で
あれこれ世話をやいてくれた先輩のおばちゃん。
何年かぶりに訪れた英会話教室で
英語じゃなくて人生論を語っていた先生。

それはもう
ちょっとした余計なお世話なんだけれど
私を思う、熱い情熱だけは十分に伝わった。

上から目線は嫌なんて、もう言わない。

眼のある人は燈火（とうか）によって、種々の色かたちを見るように、人は教えを聞いて、善悪の事柄を識別する。

言い方を優しくしてなんて、もう望まない。

真実の言葉が欲しいんだ。
私を貫いて丸ごと変えるような
真実の言葉が必要なんだ。

その言葉が本物ならば
今の私にはまっすぐに伝わるはず。

めぐりめぐって、返ってくる

（ウダーナヴァルガ28章32）

自分の歩いてきた道を
じっと振り返ってみると

相手を傷つけたら
自分も傷つけられていた。
こっそり人を裏切ったら
どこかで自分も裏切られていた。

見返りなんて求めず
ポンと与えたら

悪いことをしたならば、人は憂う。はるか昔にしたことだとか、遠いところでしたことであっても、人は憂う。秘密のうちにしたことであっても、人は憂う。それの報いがあるのだから、人は憂う。

何かがポンと私にも与えられていた。
まるで見えない摂理《せつり》があるみたい
善いことも悪いことも
めぐりめぐって返ってくるという
はかり知れない縁。

コラム　お釈迦さまと弟子たち

お釈迦さまの弟子たちの中でも、突出して有能といわれた10人の直弟子たちは「十大弟子」と呼ばれました。中でも智慧第一と呼ばれたシャーリプトラ（舎《しゃ》利弗《りほつ》）や、神通第一と呼ばれたマウドガリヤーヤナ（目連《もくれん》）の二人は、般若心経をはじめとした様々な経典にも頻繁に登場します。弟子たちにはお釈迦さまと血縁関係にあたる者も多く、一人息子のラーフラ（羅睺羅《らごら》）や、いとこのアーナンダ（阿難《あなん》）も長い間、お釈迦さまのもとで修行に励みました。お釈迦さまは、彼ら身内の者を特別に扱うどころか、とりわけ厳しく接されたようで、息子ということで特別視しないようまわりに気を配るご様子や、お釈迦さまの側近中の側近といえる立場にいたアーナンダへは、過酷なまでの厳しい試練を次々に与えていくご様子が「パーリ涅槃経《ねはんぎょう》」などには克明に記されています。

第二章 生き方を整える

じいちゃんみたいに、なれるなら

（ダンマパダ90・91）

晩年のじいちゃんは
ずっと柔らかな笑顔だった。

「庭の梅は、きれいだな」
変わらない庭の梅に目を細め。
「この味噌汁うまいな」
母の料理も毎朝褒めて。

若い頃、戦争で最前線に放り込まれたって
戦争が終わったら今度は事業で大失敗して

すでに人生の旅路を終え、憂いを離れ、あらゆる事柄にくつろいで、あらゆる束縛の絆を逃れた人には、悩みは存在しない。

心を留めている人々は努め励む。かれらは住居を楽しまない。白鳥が立ち去るように、かれらはあの家、この家を捨てる。

借金地獄だったって。

でも人生最後の数年間の
あのじいちゃんの柔らかさに
一歩でも近づけるなら

人生、苦しんで闘ってみるのも
あんがい悪いものじゃないかもしれない。

幸せになるために争うなんて

（ダンマパダ92）

いくら預金しようか。
どんな家に住もうか。
どんな車を買おうか。

生活の悩みを抱えている私たちは
些細なことでいつも大げんか。

そもそも悩みの原点に戻ってみると
お金を貯めるのは、家族が安心して生活するため。
家を建てるのは、みんなで寛《くつろ》いで暮らすため。

財を蓄えることなく、食べ物についてその本性を知り、その人々の解脱の境地は空にして無相であるならば、かれらの行く路〈足跡〉は知り難い。――空飛ぶ鳥の迹（あと）の知り難いように。

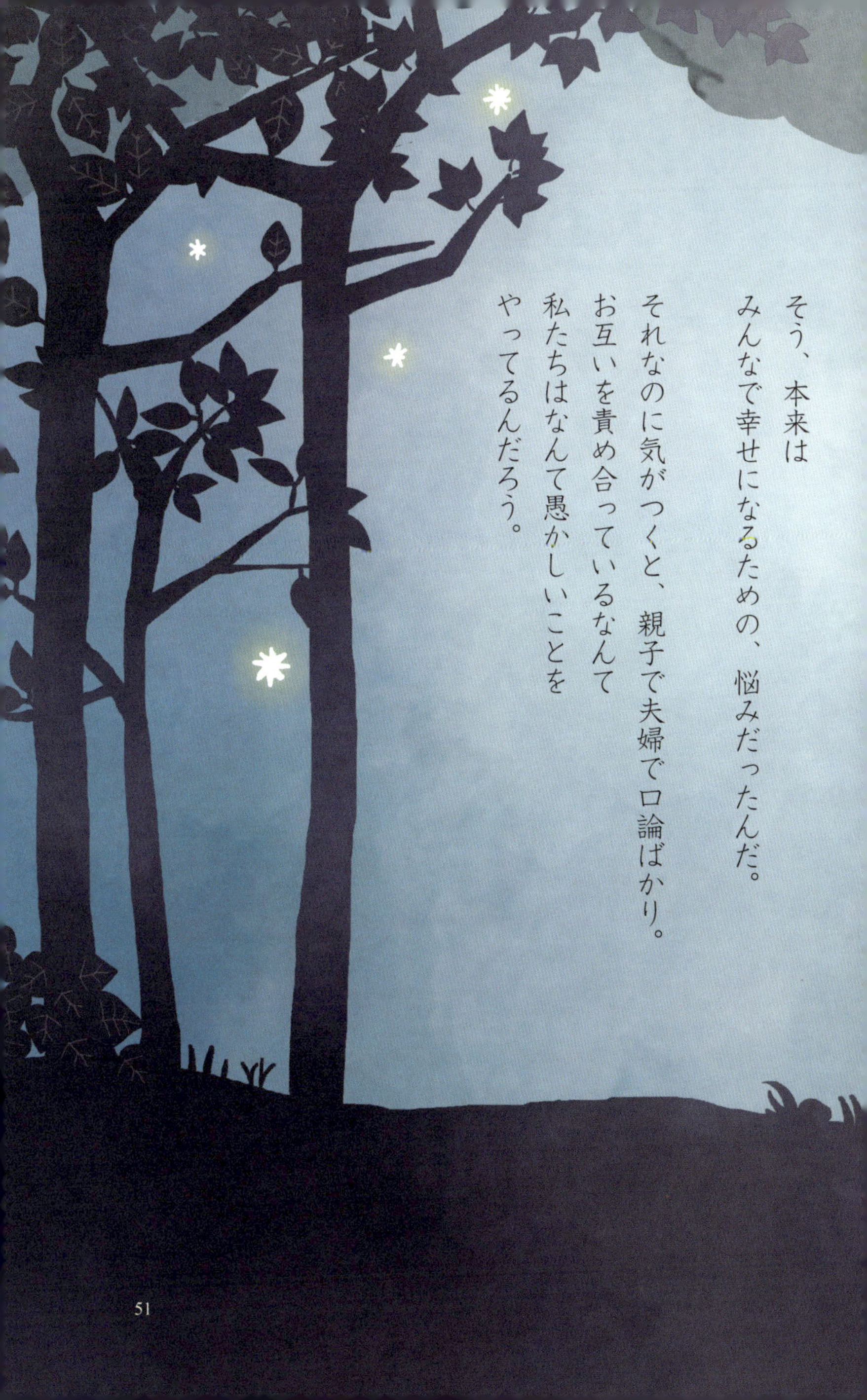

そう、本来は
みんなで幸せになるための、悩みだったんだ。

それなのに気がつくと、親子で夫婦で口論ばかり。
お互いを責め合っているなんて
私たちはなんて愚かしいことを
やってるんだろう。

その怒りは、自分に納得できないから

（ダンマパダ96）

すぐに怒りを感じる私。

ちょっと上司から叱られただけで
全人格を否定されたかのように感じ
ちょっと彼氏が電話に出ないだけで
よし、別れ話をどう切り出してやろうかと
すぐに目がつりあがる。

どうしてこうも人に対して心狭く
常に怒りを感じているかって？

正しい智慧（ちえ）によって解脱して、安らぎに帰した人——そのような人の心は静かである。言葉も静かである。行いも静かである。

それは相手のせいじゃない。
私は、私自身の生き方に
納得ができてないんだ。
自分で自分を認められなきゃ
心の平安なんて
永遠に得られないよね。

今のこの瞬間に熱中しよう

（ダンマパダ一一2）

仕事も生活も、全部が中途半端
どれ一つとっても集中力や熱意を欠き
あっちに、フラフラ。そっちを、チラチラ。

そして、そんな中途半端な自分に
苛立ちと怒りがわき起こる。

そこから脱する方法はただ一つ
目の前の仕事に全力投球すること。

怠りなまけて、気力もなく百年生きるよりは、堅固に努め励んで一日生きるほうが優れている。

キャベツの千切りでもいい
伝票の仕分けでもいい
子どものお弁当づくりでもいい。
その仕事に全力で向かおう。
一つ一つに充実感を感じれば
苛立ちや怒りは消えていくから。

蛇の道は、しょせん蛇の道

（ダンマパダー121）

多少の悪はしかたない。
そうしないと成功できないから。
それはあなたの言い訳。
ラクして成功したい
ずるいあなたの言い訳。

この程度の悪は必要なんだ。
みんなもやっているんだから。
これもあなたの言い訳。
周囲にのまれた弱いあなたの言い訳。

「その報いは私には来ないだろう」と思って、悪を軽んずるな。水が一滴ずつ滴り落ちるならば、水瓶でも満たされるのである。愚かな者は、水を少しずつでも集めるように悪を積むならば、やがてわざわいに満たされる。

正しい道を一人で歩み
大きな結果を残した成功者たち。
彼らの死後も続く評価と栄光を見てごらん。

今のやり方であなたが進む限り
いつかは哀しい終わりと崩壊がくる。
蛇の道は、しょせん蛇の道。

より大きなスケールで動こうよ

（ダンマパダー25）

その子があなたの子じゃなくても
泣いていたら、我が子のように手をさしのべよう。
その猫があなたの飼い猫じゃなくても
飢えていたら、温めたミルクをあげよう。
その仕事があなたの仕事じゃなくても
みんなのためになるのなら、
おしまないで手をさしのべよう。

汚れの無い人、清くて咎（とが）のない人をそこなう者がいるならば、そのわざわいは、かえってその浅はかな人に至る。風にさからって細かい塵（ちり）を投げると、その人に戻って来るように。

自分一人の利益だけを考えていたら
本当の安らぎにも豊かさにも、永遠に到達できない。
自分に関係あるかないかを超えたところで
より大きなもののために動けるあなたでいよう。

たくさんの命を頂いている

（ダンマパダ129・130）

毎日の食卓
あなたはちゃんと手を合わせていますか。
いただきますとは
その食材の命を私の命に
代えさせて頂きますということ。

あなたの栄養となるために
自分の命をあなたに捧げた小さな生き物たち
すべてに手を合わせていますか。

すべての者は暴力におびえ、すべての者は死をおそれる。已（おの）が身をひきくらべて、殺してはならぬ。殺させてはならぬ。

すべての者は暴力におびえ、すべての生きものにとって生命は愛しい。已が身にひきくらべて、殺してはならぬ。殺させてはならぬ。

その小魚にも納豆にも
炊きたての白いご飯にすら。
途方もない数の生命がかかわって
あなたの元へ運ばれてきている。

あたりまえと思ってはいけない。
「命をありがとう」と味わいながら、感謝しよう。
両手のひらに包み込んで。

みんな自分が大事

（ダンマパダ－33）

「今日も一日、おつかれさま」
鏡の中の自分に、優しく話しかけよう。

「私を支えてくれてありがとう」
自分の身体にも、感謝を込めて話しかけよう。

あなたという身体、あなたという存在そのもの。
まずはそれを深く知り
いたわり手入れをしよう。
そしてその範囲をだんだんと

荒々しい言葉を言うな。言われた人々は汝（なんじ）に言い返すであろう。怒りを含んだ言葉は苦痛である。報復が汝の身に至るであろう。

身近な人へ広げていこう。

あなたがあなた自身をこれほど深く愛するように、
他の人にとっても自分が一番大事。
そのことに、少しずつ気づいていこう。

過ぎ去る時間は、あなたを待たない

（ダンマパダ156）

そのうち本気を出すから。
そのうち努力するから。
「そのうち」って一体いつのこと？

過ぎ去る時間は、あなたを待たない。
本気で行動を起こすつもりなら
今すぐに動き出そう。

人間の肉体は今のままではいられない。
一日一日年を取り

若い時に、財を獲ることなく、清らかな行ないを守らないならば、壊れた弓のように横たわる。――昔の言葉かり思い出して他にかこつけて恨み嘆く。

それまで手が届いていた
棚の上の瓶ですら
やがて手に取れなくなるのだから。

そのうちではなく、今からすぐに取り組もう。
今を全力で歩めば、その積み重ねの先の未来は
もっと光に満ちた、穏やかなものになるから。

お写経で忘我の境地へ

（スッタニパーター）

二百六十二文字のお経を
ゆっくりと心を静めて書き写す、お写経の会。
まわりを見回すと
必死に筆を走らせる、真剣な顔ばかり。
それぞれに救いを求めて
あるいは喜びの心で
この場所に集う。

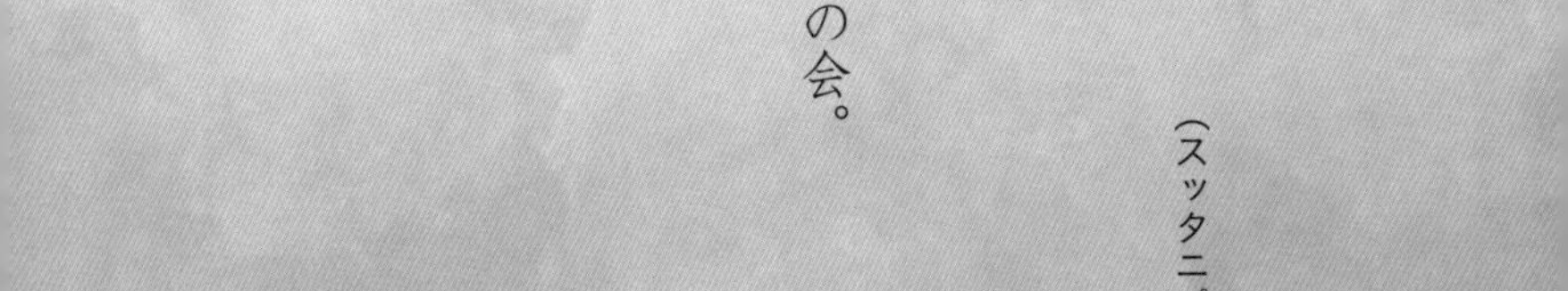

蛇の毒が身体のすみずみにひろがるのを薬で制するように、怒りが起こったのを制する修行者〈比丘(びく)〉は、この世とかの世とを共に捨て去る。――蛇が脱皮して旧い皮を捨て去るようなものである。

千年の時を超えて今に伝わる経文を
みんなで書き写すからだろう。

波立った心も、徐々に静まり
お写経という不思議な連帯感のもと
心穏やかな世界へ導かれる。

ねえ、笑って過ごそうよ

（スッタニパータ34）

お母さん、もう愚痴はやめようよ。
私も愚痴って悪かったから
最近会えば二人とも、愚痴と喧嘩ばかり。
ねえ、お母さんのために買ってきたんだよ。
熱々のたいやき、冷たくなってしまうよ。
老後の心配で、いらいらするのは分かる。
私も黙って話を聴いてあげられればいいけど。

子のある者は子について憂い、また牛ある者は牛について憂う。実に人間の憂いは執著（しゅうじゃく）する元である。執著するもののない人は、憂うることがない。

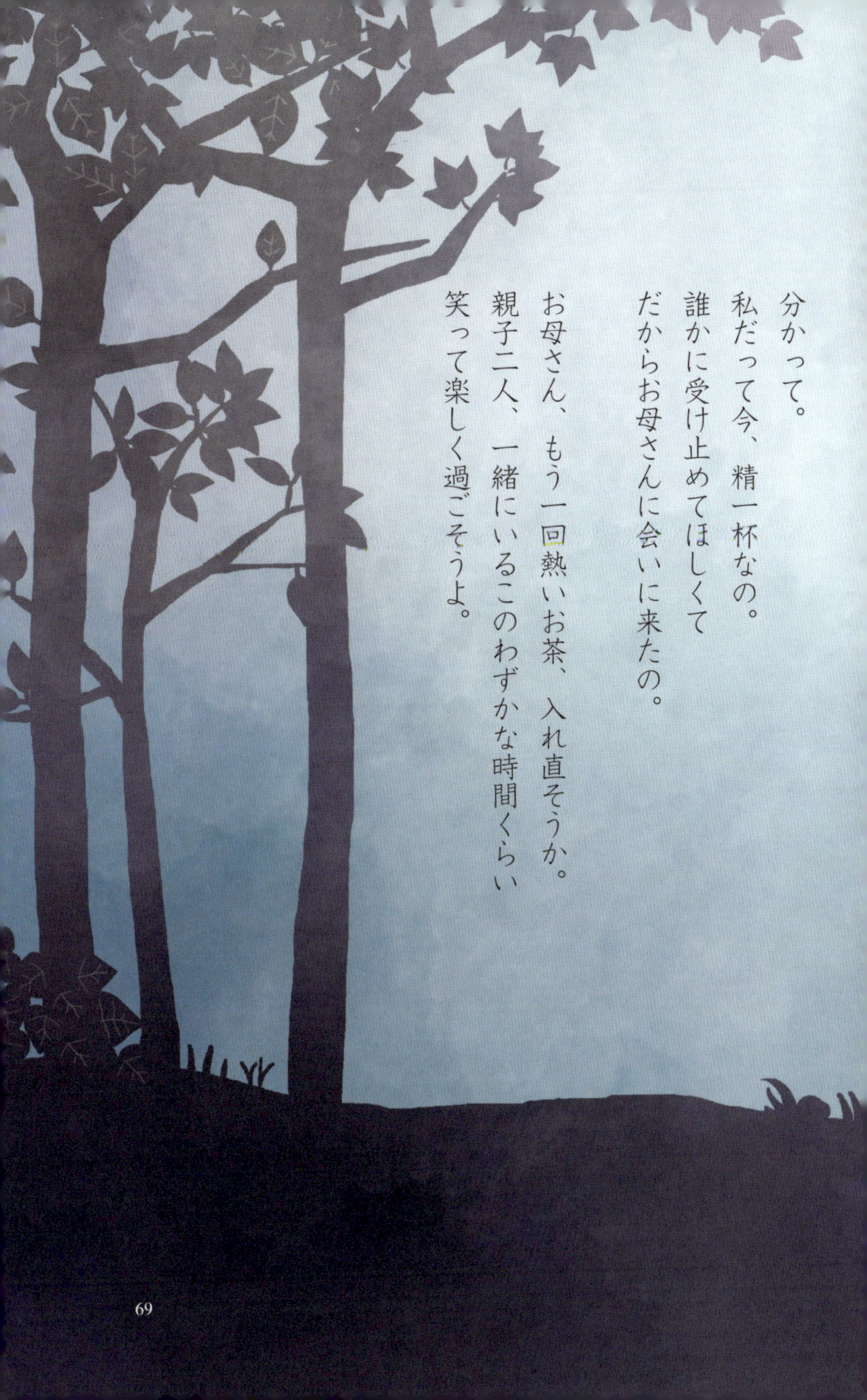

分かって。
私だって今、精一杯なの。
誰かに受け止めてほしくて
だからお母さんに会いに来たの。

お母さん、もう一回熱いお茶、入れ直そうか。
親子二人、一緒にいるこのわずかな時間くらい
笑って楽しく過ごそうよ。

ずっと疲れた顔してない？

（ダンマパダ21・22）

見てごらん、あの運転手さん
いつも夕方のこの時刻
車をとめて昼寝してるね。
制服のままだね。
仕事中なんだね。

見てごらん、あの運転手さん
会社からのしつこい呼び出しにも
「ちっ」と、舌打ちして出ない。

努め励むのは不死の境地である。怠りなまけるのは死の境涯である。努め励む人々は死ぬことがない。怠りなまけるる人々は、死者のごとくである。

このことをはっきりと知って、努め励みを能（よ）く知る人々は、努め励みを喜び、聖者たちの境地を楽しむ。

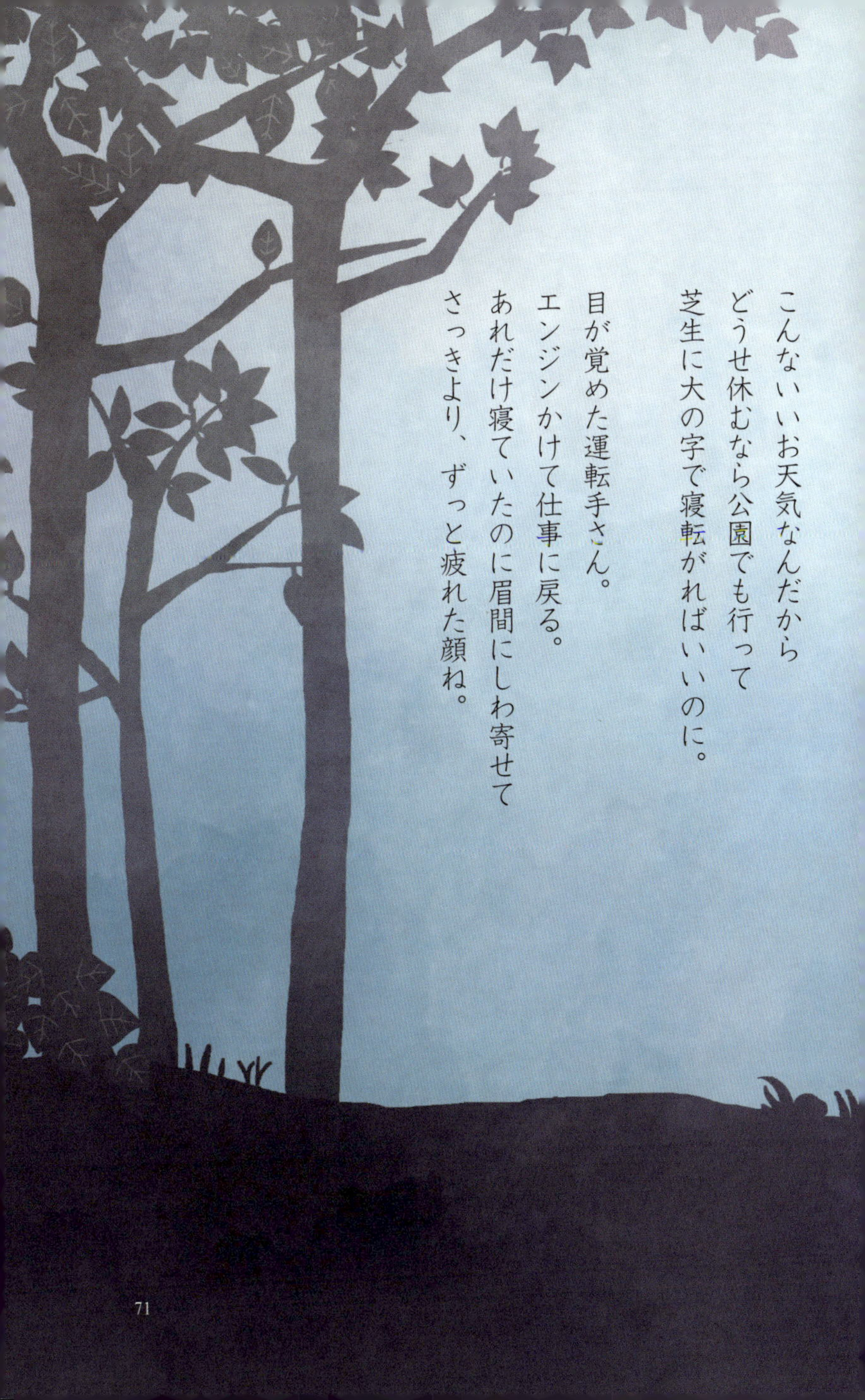

こんないいお天気なんだから
どうせ休むなら公園でも行って
芝生に大の字で寝転がればいいのに。

目が覚めた運転手さん。
エンジンかけて仕事に戻る。
あれだけ寝ていたのに眉間にしわ寄せて
さっきより、ずっと疲れた顔ね。

一人で孤独に歩みなさい

（ダンマパダ29）

あなたが一人で
よいしょ、こらしょと
学び働き続けると
それがおもしろくない人々が出てくる。

まるで自分たちが
置いてけぼりをくらったように感じて
まるで自分たちが
ダメだと言われているように感じて

怠りなまけている人々の中で、ひとり努め励み、眠っている人々の中で、ひとりよく目覚めている思慮ある人は、疾（はや）く走る馬が、足のろの馬を抜いて駆けるようなものである。

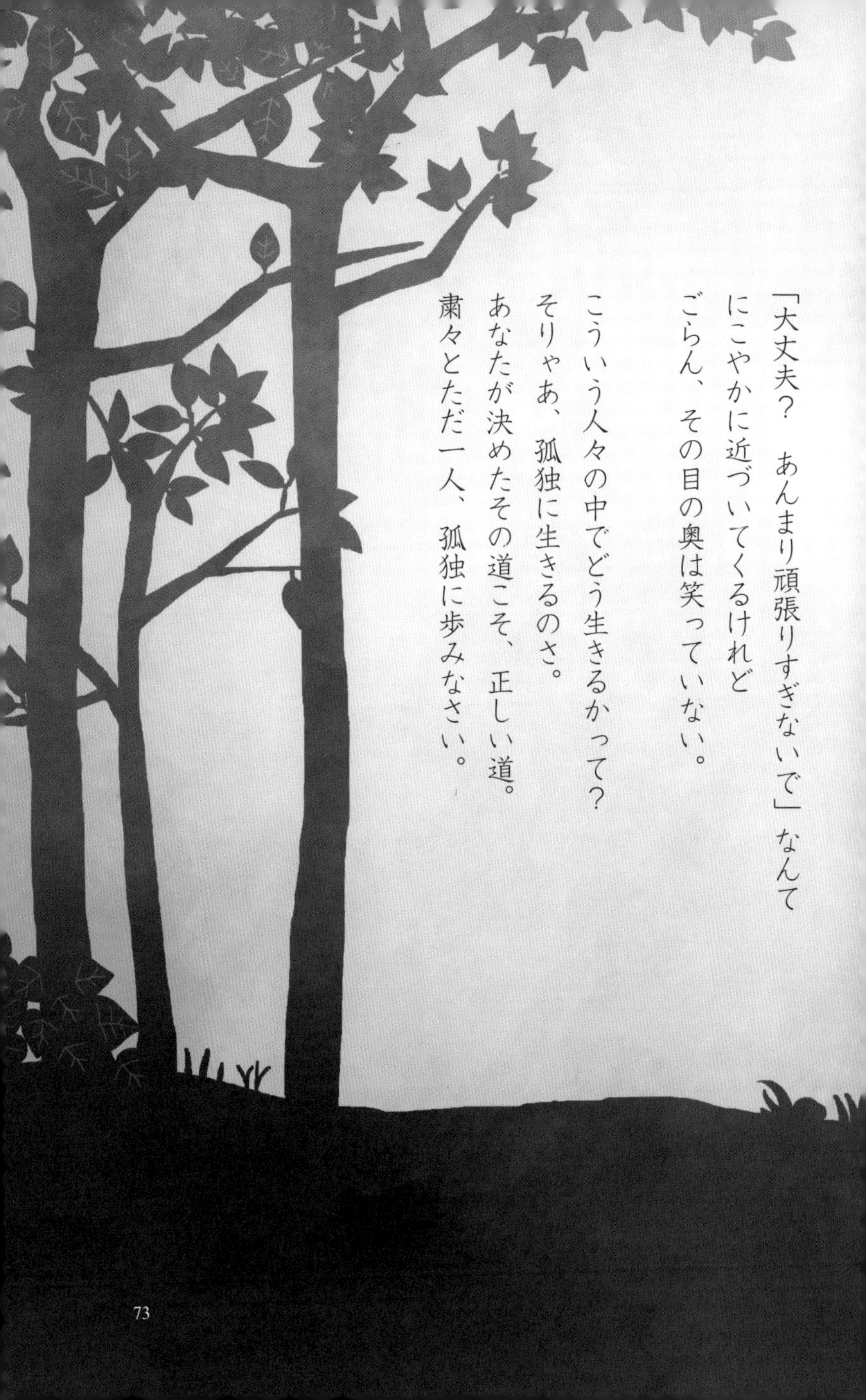

「大丈夫？　あんまり頑張りすぎないで」なんて
にこやかに近づいてくるけれど
ごらん、その目の奥は笑っていない。

こういう人々の中でどう生きるかって？
そりゃあ、孤独に生きるのさ。
あなたが決めたその道こそ、正しい道。
粛々とただ一人、孤独に歩みなさい。

その言葉、本物ですか

（ダンマパダ51）

「嘘ついちゃダメ」って
パパは僕を叱るけど

パパだってママに嘘ついてるでしょ。
水曜日は早く帰れるのに
残業なんて嘘ついて
おうちに帰ってこないじゃない。

「年下の子には優しくしなさい」って
ママは言うけど

うるわしく、あでやかに咲く花でも、香りの無いものがあるように、善く説かれた言葉でも、それを実行しない人には実りがない。

ママだって会社の新人さんに優しくないじゃない。
電話で彼女の悪口言ってたの、僕、聞いてたよ。

どっかで聞いたようなルールを
僕に押しつけないで。
僕は全身を目にして耳にして
パパとママの言葉を聞いてるんだ。
その言葉が本物かどうか、ちゃんと分かるんだ。

今年も変わらない薬師寺の萩

萩の花の開花
それは薬師寺の秋のはじまり。

境内のあちこちで目にする赤紫や白の萩は
まるで野の花のように咲き乱れるが

実は、土を整え、天候に心を配り
水を欠かさず、まるで幼子を育てるような
職員たちの努力と配慮のたまものだ。

（ダンマパダ53）

うず高い花を集めて多くの華鬘（はなかざり）をつくるように、人として生まれまた死ぬべきであるならば、多くの善いことをなせ。

「ああ、今年も変わらない、薬師寺の萩だな」
カメラ片手に
変わらないその景色を喜ぶ人々の笑顔のため。

今日も、花を育てる人々は
土を整え、水を欠かさず
ひっそりとその努力を続ける。

自分の心を整える

ハンカチが落ちたら
サッと身をかがめて拾うはず。
それが自分の一枚なら。

通勤ラッシュの朝。
誰のか分からないハンカチが落ちていたら
拾えるかな。

気まずい思いで
黙って通り過ぎるんじゃないかな。

（ダンマパダ54）

花の香りは風に逆らっては進んでいかない。栴檀（せんだん）もタガラの花もジャスミンもみなそうである。しかし徳のある人の香りは、風に逆らっても進んでいく。徳のある人はすべての方向に薫る。

そのハンカチを拾い上げ
改札口まで届けようよ。

決して会うこともない誰かのため。
お礼なんか言われるわけもない誰かのため。

その小さな善い行いが
あなたの心を清め、整えてくれるから。

「縁起」の法で解明できる

会社の雰囲気が暗いのは
みんな自分の利益ばかり考えているから。

いつも会議が静かなのは
目立つことを恐れて誰も発言しないし、
やる気がないから。
そして今、業績がとっても悪いのは
二つの結果として、当然といえば当然。
問題は「縁起」の法で解明できる。

（ダンマパダ240）

鉄から起こった錆（さび）が、それから起こったのに、鉄自身を損なうように、悪をなしたならば、自分の業が罪を犯した人を悪いところに導く。

現象にはすべて原因があり
その原因をたどって元凶を絶てば
現象も前向きに変えることができる
というシンプルな教え。

縁起の法で原点回帰しよう。
正しい仕事のあり方も
一つずつ現れ出てくるはず。

損得計算を投げ捨ててごらん

（ダンマパダ244・255）

自分の家のまわりだけお掃除して
お隣さんとの境目には手もつけない。
これって、あなたの利益になるのかな。

職場で言われた仕事だけやって
コピー機が壊れても、知らんぷり。
これって、あなたの利益になるのかな。

その損得計算、投げ捨ててごらんよ。

恥を知らず、烏のように厚かましく、図々しく、人を責め、大胆で、心のよごれた者は、生活し易い。

恥を知り、常に清きをもとめ、執著をはなたれ、つつしみ深く、真理を見て清く暮す者は、生活し難い。

お隣さんとの境目も、気にせず掃除しよう。
「コピー機が壊れてる、直そう」と
職場のみんなに声をかけよう。

損得計算を投げ捨てれば
お隣さんの嬉しそうな笑顔が見えるよ。
職場でみんなが手を貸してくれるよ。
もっと心が豊かになるよ。

笑いの力を借りよう

仕事や育児で、
すっかり笑わなくなったあなた。

苦しい時こそ、笑いの力で復活しよう。

「またこぼしたの、あれほど言ったのに」

真面目に子どもを叱るのもいいけど。

「きっさま、また、やったのかあ」

子どもたちが転げまわるほどくすぐって
高らかな笑い声を響かせよう、家じゅうに。


（スッタニパータ136）

生まれによって賤（いや）しい人となるのではない。生まれによってバラモンとなるのではない。行為によって賤しい人ともなり、行為によってバラモンともなる。

つきぬけるような明るさと
みんなの笑い声が
誰よりもあなたに
ポジティブな力を与えてくれる。

苦しい生活にこそ
もっと笑いを取り入れよう。
そして一日を乗り切ろう。

「腹八分目」とはよく言ったもの

（スッタニパータ144）

食べること、遊ぶこと、働くこと
すべてにおいて
やりすぎと興奮からは、離れよう。
お釈迦さまの説かれた「中道《ちゅうどう》」を心がけ
足るを知って生きよう。

早めに起きて
ほどほどの量を食べ
身体をきちんと動かす。

足ることを知り、
わずかの食物で
暮し、雑務少な
く、生活もまた
簡素であり、諸々
の感官が静まり、
聡明で、高ぶる
ことなく、諸々
の人の家で貪る
ことがない。

寝る前には心を静めて。
「腹八分目」とは
昔の人はよく言ったもの。
均整のとれた生活習慣こそ、
身体と心に効く一番のクスリ。

もっと自分自身を愛していこう

（ウダーナヴァルガ5章13）

あなたを傷つけたり
乱暴に扱う人を
好きにならないで。
もっと自分を大切にして生きようよ。

誰かのためだけに生き方を曲げないで。
やがて後悔することになるから。

一回限りの、この人生
正しく自分を愛していこう。

もしも自分を愛しいものだと知るならば、自分で悪を結びつけてはならない。悪いことを実行する人が楽しみを得るということは容易ではないからである。

今のあなたが苦しいのは
自分で自分を縛っているから。

その結び目を
一つ一つほどいていけば
生きている喜びを
もっと強く感じ取れるはず。

それはあなたの心の勝利

（ウダーナヴァルガ8章8）

「あいつドンドン出世していくな」
暗い嫉妬心を放っておくと
「あいつの事業、失敗すればいいのに」
すぐに邪念が生まれる。

嫉妬心が表れたら心の動きに気をつけよう。
人の努力を認めず、ただ妬むのは恥ずかしい。
そんなまっとうな感覚を、呼び起こそう。

よい言葉を口に出せ。悪い言葉を口に出すな。よい言葉を口に出したほうがいい。悪い言葉を口に出すと、悩みをもたらす。

「こんな成果を出せて、おまえスゴイなあ」
ポンと相手によい言葉を口に出せた、その瞬間
さっきの邪念もどこかへ消え去っていく。

それは嫉妬心を賞賛の力に変えきった
あなたの心の勝利だ。

また、この道に戻っておいで

（ウダーナヴァルガ16章2）

つらくて苦しいなら
いったん逃げ出していい。
でも忘れないで。
成功者とは
あきらめなかった者たちのこと。
彼らは幸運に恵まれたわけでも
百年に一人の逸材でもない。
栄光を手にした者たちは

目的が達成されるまで、人は努めなければならない。自分のたてた目的がそのとおりに実現されるのを見ろ。——希望したとおりになるであろうと。

みんなが舞台を降りる中
一人でこつこつ続けてきた。
だからこそ、最後に栄光を手にしたのだ。

今そんなに苦しいのなら
ひと休みするのもいい。
でもしばらくしたら、また歩き出そう。
正しい道は、継続の道しかないから。

コラム　縁起《えんぎ》の思想

「縁起」とは「縁《よ》って起こること」すなわち、すべての存在はさまざまな条件（縁）によって生じることを意味します。縁起思想は、佛教を他の世界宗教と大別する思想の一つです。

他の宗教では、人間の苦しみは神からの「罰」であったり、精霊の「呪い」であったりしますが、佛教にはそのような何かしら上位の存在による仕業という考え方はありません。起こるすべてのことには理由があり、その元をたどり解決すれば、自然と悩みも消滅するという、現実的な教えなのです。

あなたの身に良くないことが起こったり、仕事で失敗したりしたなら、それはただの運の悪さや偶然ではなく、必ず原因があるのです。その原因をいつも探すことで、きっと人生をよりよいものに変えていくことができるでしょう。

第三章
人間関係を見直す

美しい馬車のように

古い映画のワンシーン。
美しい二頭立ての馬車を
巧みに操る一人の御者《ぎょしゃ》。

左の馬が立ち上がれば
手綱《たづな》を締めて静め
右の馬が怠ければ
鞭《むち》をあてて速度を速める。

心と体もあの馬車に同じ。

（ダンマパダ222）

走る車を抑えるようにむらむらと起こる怒りを抑える人――かれをわれは御者（ぎょしゃ）と呼ぶ。他の人はただ手綱を手にしているだけである。〈御者〉と呼ぶにはふさわしくない。

穏やかな心と節制された体。
この二つが揃えば
人生はまるで壮麗な馬車。
フルスピードで動き出す。

穏やかな心と節制された体。
どちらが欠けても人生は
正しく前へと進めない。

問題なのはその心

世間からのバッシングで
弱りきった今のあなた。
高かったプライドも
踏みにじられて風前の灯火《ともしび》。

目立つことと叩かれること。
それはコインの表と裏。
あなたは仕事も趣味も個性的。
ちょっと目立てば叩かれると
軽く流して進もうよ。

（ダンマパダ227）

アトゥラよ。これは昔にも言うことであり、今に始まることでもない。沈黙している者も非難され、多く語る者も非難され、少しく語る者も非難される。世に非難されない者はいない。

それで心が折れるなら
問題なのはその弱さ。
正しい教えを学んでいない結果。

目立つことと叩かれること。
それはコインの表と裏。
個性を主張し生きるなら
もっと心を鍛えよう。

基本は一人と心に決めよう

（ダンマパダ３２９）

生まれるのも死ぬのも
基本は一人。

一人淡々と　バランスよく全員に挨拶し
一人飄々《ひょうひょう》と　丁寧でキメの細かい仕事をし
一人粛々《しゅくしゅく》と　間違いを反省していけば

あなたの実力も才能も
そして評価も何もかも
伸びやかな春の枝葉のように

もしも思慮深く聡明でまじめな生活をしている人を伴侶として共に歩むことができないならば、国を捨てた国王のように、また林の中の象のように、ひとり歩め。

自然に拓《ひら》け高まっていく。

上司や同僚の顔色を見る必要も
付き合いたくない知人と飲み歩く必要も
ムリに笑顔を浮かべてあいづちを打つ必要も、ない。

基本は一人と心に決めれば。

友がいるのは楽しい

美味しいシチューができたね。
でもちょっと多すぎないかな。
明日も食べてもいいけど
もっと誰かに食べて欲しいね。

ねえ、お隣さんに持っていこうか。
またあのおせっかいな中年夫婦が
やって来たって思われるだろうけど。

家の木になったサクランボ。

（ダンマパダ３３１）

事が起こった時に、友だちのあるのは楽しい。大きかろうとも、小さかろうとも、どんなことにでも満足するのは楽しい。善いことをしておけば、命の終わる時に楽しい。悪いことをしなかったので、あらゆる苦しみの報いを除くことは楽しい。

今年はいつもより美味しくできた。
家族だけでも食べられる量だけど
喜ぶ顔がみたいから。

ちょっと包んで一走り
お隣さんまで行ってこようか。
またあのおせっかいな中年夫婦が
やって来たって思われるだろうけど。

「分かんないね」で終わらせないで

（長阿含経第二《じょうあごんきょうだいに》、遊行経《ゆうぎょうきょう》）

「分かんないね」
が口癖のお兄ちゃん。
この言葉が出ると
せっかくの会話は
それでおしまい。

もったいないよお兄ちゃん。
考えるのをやめるたび
広がる可能性を失っていく。

弟子たちよ、おまえたちはこの教えのもとに、相和し、相敬い、争いを起こしてはならない。水と乳のように和合せよ。水と油のようにはじき合ってはならない。共に私の教えを守り、共に学び、共に修め、励まし合って、道の楽しみを共にせよ。つまらぬことに心を使い、無駄なこと

仕事も結婚も子育ても
不満だらけのお兄ちゃん。
「分かんないね」だけが増殖中。
「分かんないね」を捨てようよ。
職場の上司、友達、家族。
もう一歩、相手の世界に踏み込めば
いろんなものが見えてくるよ。

に時を費やさず、
悟りの花を摘み、
道の果実を取る
がよい。

自分が愛しいだけなんだよね

（スッタニパータ36）

いったん好きになると
身も心も相手に依存してしまう。
電話がないと不安で
会えないと怖くて。

これだけ相手を頼りにしてるんだから
相手にも同じように返してほしい。
そう願ってしまう。

でもそれは私の甘えだよね。

交わりをしたならば愛情が生じる。愛情に従ってこの苦しみが起こる。愛情から起こるわざわいの生じることを観察して、犀（さい）の角のようにただ独り歩め。

「あの子、ちょっと重い」
そう言って少し距離を置かれると
まるで裏切られたかのように恨むなんて。

それは一人で立とうとしない
私の弱さなんだよね。
相手を愛してるんじゃなくて
自分が可愛いだけなんだよね。

あなたに謝りたい

私、ちょっと謝りたいんだ。
あなたの一言が
私の誇りをズタズタに引き裂いた。
なぜって、その言葉が真実だったから。

私、ちょっと謝りたいんだ。
優しい言葉ばかり使う友達の中で
あなたの率直さは異質で
だからこそ少し、うとましかった。

（ダンマパダ76）

罪過（つみとが）を指し示し過ちを告げてくれる聡明な人に会ったならば、その賢い人につき従え――隠してある財宝のありかを告げてくれる人につき従うように。そのような人につき従うならば、善いことがあり、悪いことは無い。

嵐のような怒りが私を襲い
そして引いていった今
しみじみと感じるのは、あなたの愛情。

私、ちゃんと謝りたいんだ。
あなたの私への真摯さと強さこそ
これからの私には必要だって
ようやく今、気づいたんだ。

もっと鍛えようよ、心を

（ダンマパダー159・160）

朝はしっかり玄米食。
仕事帰りのジムは
欠かさず2時間半。

体と生活は完璧なのに
なぜか心が落ち着かない。
朝食時間が遅れればイラっとし
ジムに行けない日は眠れない。

鍛え上げられた胸筋に背筋。

他人に教えるとおりに、自分で行なえ――。自分をよく整えた人こそ、他人を整え得るであろう。自己は実に制し難い。

自己こそ自分の主である。他人がどうして自分の主であろうか。自己をよく整えたならば、得難き主を得る。

一回りは若く見えるあなた。
なのにその不安定さはなぜだろう。

それは心を鍛えていないから
人間は体だけで成り立たない。
生活や体に異変が起こっても
ゆったり大きく構えて受け止められる。
そんな心を創ろうよ。

先生は森羅万象《しんらばんしょう》の中に

今の時代
先生たちも迷っている。
一体何を教えるべきか
どう教えるべきか分からない。

だからよい先生に出逢えないと
嘆かないで。
先生を探し求めているのなら
この広大な世界すべてから学ぼうよ。

（ダンマパダ208）

よく気をつけていて、明らかな知慧（ちえ）あり、学ぶところ多く、忍耐づよく、戒めを守る、そのような立派な聖者・善き人、英知ある人に親しめよ。——月がもろもろの星の進む道に従うように。

本棚で眠っている一冊の詩集から。
生意気だけど優秀な後輩から。
小さな虫や動物たちの生態から。

あなたが本気で優れた先生を求めるなら
森羅万象すべてから
自分自身の手で探し出し学ぼうよ。

同じことの繰り返し

最近の私。同じことの繰り返し。
一対一なら批判も素直に聞けるのに。
みんなの前で言われると
ついカッとなって反発して。

先輩たちの厳しい表情。
目に焼きついて夜も眠れない。

最近の私。同じことの繰り返し。
せっかくの後輩たちの意見も

（スッタニパータ325）

長上を敬い、嫉むな。諸々の師に見えるのに適当な時を知り、法に関する話しを聞くのに正しい時機を知れ。見事に説かれたことを謹んで聞け。

妙に意地を張って受け入れない。

「いいアドバイスをありがとう」

「そこは私がダメでした」

お叱りもサッと受け入れ次へ進む。

そんな私をみんな待っているのに。

白《はく》鳳《ほう》大《だい》伽藍《がらん》と二人の鬼才

（ウダーナヴァルガ25章2）

その金堂を設計したのは、
伝説と呼ばれた宮大工。

時の住職の呼びかけに応じて
彼が始めたのは
いにしえの南都佛教の大伽藍を
薬師寺境内に復元すること。

天才のもとには
天才が引き寄せられていく。

明らかな智慧（ちえ）のある人が友達として付き合うべき人々は、信仰心があり、気持ちの良い、素行の良い、学識豊かな人々である。立派な人々と交わるのは善いことである。

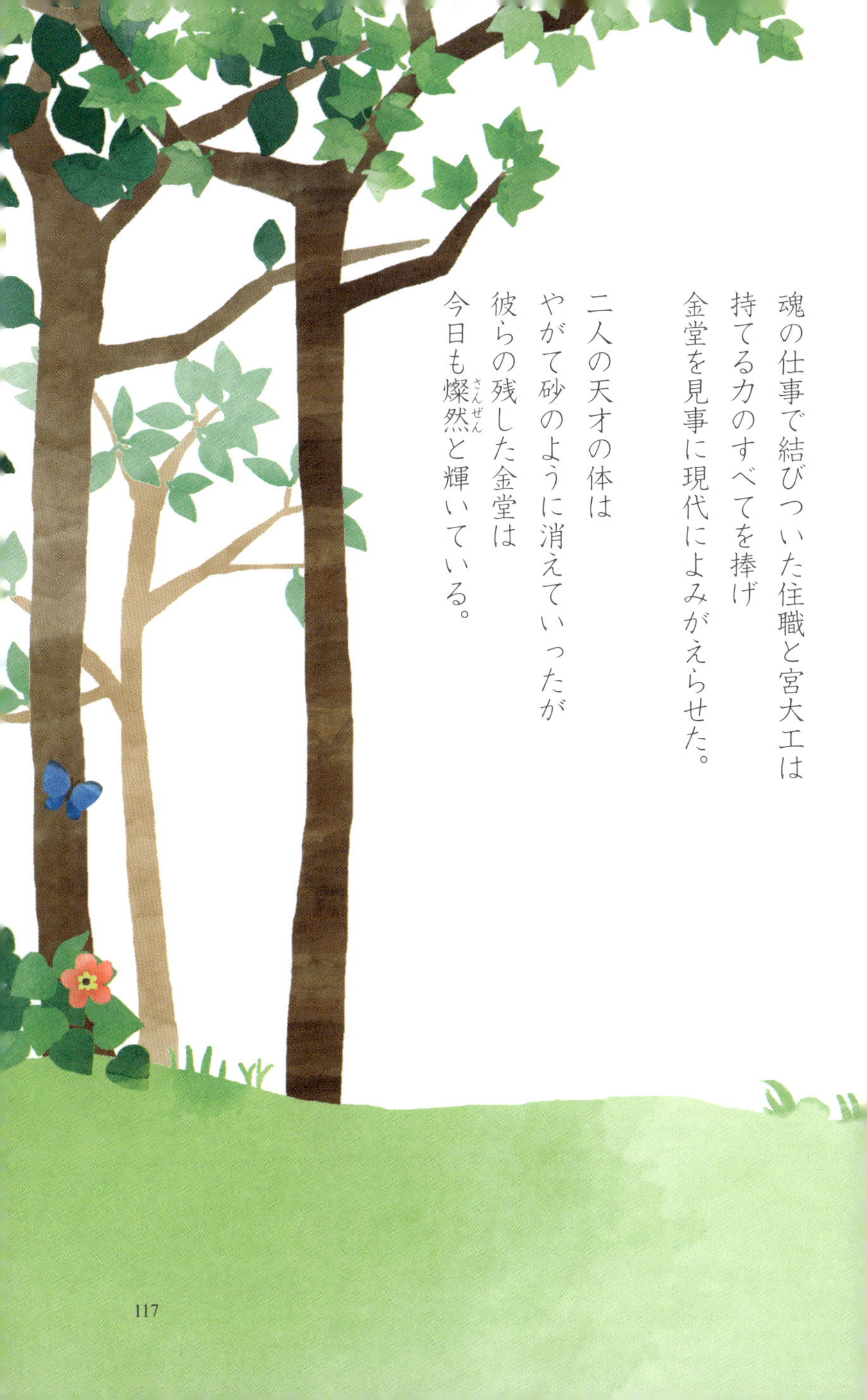

魂の仕事で結びついた住職と宮大工は
持てる力のすべてを捧げ
金堂を見事に現代によみがえらせた。

二人の天才の体は
やがて砂のように消えていったが
彼らの残した金堂は
今日も燦然《さんぜん》と輝いている。

私たち、そっくりよね

（ウダーナヴァルガ25章11）

私たち、そっくりよね。
私と旦那のことじゃないわよ。
私と、このワンちゃんのこと。

息子が家を出て行って寂しかった時は
この子がそばにいたから耐えられた。
この子が病気をもらってきて大変な時は
私がふとんの中で抱いて看病したの。

歳を取れば取るほど似てきたわねえ。

どのような友をつくろうとも、どのような人に付き合おうとも、やがて人はその友のような人になる。人と共に付き合うというのは、そのようなことである。

目がしょぼしょぼしてるところも
足がよろよろしているところも。

ずっと一緒にいれば、生きているもの同士
こんなにも相通じ合うんだね。

最近の私、原っぱを
この子と散歩してる時が、一番の幸せ。

まてまて心を盗られるな

（ウダーナヴァルガ25章24）

外から入ってくる情報に簡単に心ゆだねないで。
テレビやネットだけじゃない。
友達が暗い笑みを浮かべて話す
誰かの批判や噂話も同じこと。
外から入ってくる情報に思わず飛びつかないで。
あなたがその目で見たわけでも
直接聞いたわけでもない

愚かな者を見るな。その言葉を聞くな。彼と共に住むな。愚人らと共に住むのは、全くつらいことである。敵と共に住むようなものだからである。思慮ある人々と共に住むのは楽しい。――親族と出会うようなものである。

誰かの欲望と思い込みでつくられた
まやかしのような物語。

外から入ってくる情報に
つい魅了され、心を奪われそうになったら
「まてまて心を盗られるな」
そう自らを戒めて。

母さん、気がついてよ

ねえ、母さん
どうして父さんのこと
そこまで悪く言うの。

確かに嘘はつくし
稼ぎだって頼り甲斐だって
まるでなかった父さん。

必死に働いてきた母さんが
怒鳴りたくなるのもまあ分かる。

（ウダーナヴァルガ30章46）

他人を傷つける人々の間にあって、私たちは人を傷つけることなく、楽しく生きていこう。他人を傷つける人々の間にあって、私は人を傷つけることなく暮らそう。

でもね、気がついてよ。
あなたが父さんを悪く言うことで
傷つく人がここにも一人いるってこと。

ねえ、私の半分は母さん
そして半分は父さんなんだよ。
あなたたち二人の娘なんだよ、私。

コラム　原始佛典とは

初期佛教（原始佛教）とは、お釈迦さまが生きていた時代を含む150年から200年ほどの間の佛教のことです。その頃に口伝《くでん》されたことをベースに編纂《へんさん》されたものが原始佛典です。後の大乗《だいじょう》佛教の難解さと比べると、象や犀《さい》といった動物たちも登場する分かりやすい教えです。『ダンマパダ（法句経）』はお釈迦さまの指針的な言葉の形式を取ったパーリ語経典です。セイロンに伝えられた『スッタニパータ』と共に最古層の部類に属します。『ウダーナヴァルガ』は、お釈迦さまが思わず口に出された独白をまとめたもので、内容は一部ダンマパダに重なります。『マハー・パリニッパーナ・スッタンタ（パーリ涅槃経）』は、お釈迦さまの臨終前後の様子について描かれたもの。晩年のお釈迦さまと弟子たちの、厳しくも温かい人間的な応酬が語られています。

第四章

うつり変わりを受け入れる

もう少し自分に厳しく、マナーを守ろう

（スッタニパータ92）

満員電車やバスの中
座れず困っている人を見かけたら
勇気を出して席を譲ろう。

色とりどりのバイキング料理
食べられる量だけお皿にとって、
残さずきれいに食べよう。

どちらも小さなマナー。
席を譲らず寝たふりしても

師は答えた、「栄える人を識別することは易く、破滅を識別することも易い。理法を愛する人は栄え、理法を嫌う人は敗れる」

料理を無残に残しても
誰もあなたを咎《とが》めない。

でもその後のあなたの心
うしろめたさを感じない？
後で恥じるくらいなら
最初から自分に厳しく
誇りを持って、素直に生きようよ。

スマホじゃなく、この星空とつながって

（スッタニパータ333）

あなたはいつも前のめり。
スマホをのぞき込む姿勢のせいで
体が丸く崩れている。

見上げてごらんよ。
今夜は美しい星空。
オリオン座が煌《きらめ》いているよ。
こんな夜に下向いて
手のひらのディスプレイを
見ているなんて。

神々も人間も、ものを欲しがり、執著（しゅうじゃく）にとらわれている。この執著を超えよ。わずかの時を空しく過ごすことなかれ。時を空しく過ごした人は地獄に堕ちて悲しむからである。

ねえ今夜は電源を切ろうよ。
そして星空を仰いでみよう。
頭とスマホをつないでいる回線を
ぷつりと断ち切って
自分自身と大自然を深くつなげて
ゆったり過ごそうよ。

ありがとう、ピッピ

目が覚めたら
鳥かごの中で死んでいた
10才の手乗り文鳥、ピッピ。

ピッピと鳴くだけだったけど
私の言葉をちゃんと理解してた。
私の気持ちをちゃんと感じてた。

仕事で苦しんでいた時
恋人と別れて寂しかった時。

若い人も壮年の人も、愚者も賢者も、すべて死に屈服してしまう。すべての者は必ず死に至る。

かれらは死に捉えられてあの世に去って行くが、父もその子を救わず親族もその親族を救わない。

（スッタニパータ578・579）

肩にくっついて離れないピッピの
あの小さな温かい体に
どれほど癒されただろう。

私に与えるだけ与えて
静かに去っていったピッピ。
ありがとう。

大切に生き抜きましょう

あなたずっと憧れていたよね。
いつか北海道の富良野に行きたいって。
ねえ今度の連休、行ってみようか。

あなたずっと後悔してるよね。
喧嘩別れして以来、お兄さんと絶縁状態だって。
ねえ今週末、電話して会ってみたら？

長いようで短いこの人生。
だらだら悔いを残して生きるより

（遺教経《ゆいきょうぎょう》）

弟子たちよ、私の終わりはすでに近い。別離も遠いことではない。しかし、いたずらに悲しんではならない。世は常に無常であり、生まれて死なない者はない。今の私の身が朽ちた車のように壊れるのも、この無常の道理を身をもって示すのである。いたずらに悲しむことをやめて、

一つずつ整理して、
やりたいことを片っ端からやりましょう。

残りわずかな私たちの時間。
大切にありがたく
生き抜きましょうよ。
勇気を出して。

この無常に気づき、人の世の真実の姿に目を覚まさなければならない。変わるものを変わらせまいとするのは無理な願いである。

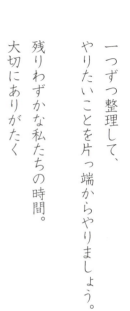

もう再び君に会えない、今になって

（長阿含経第二《じょうあごんきょうだいに》、遊行経《ゆうぎょうきょう》）

弟なのに僕より体が大きく
勉強も仕事も僕よりできた、君。
だから僕はずっと君が苦手だった。

何故だろう、君が去った今
僕は君の心を強く感じる。

子どもの頃の兄弟ゲンカ
いつも君が勝っていた。
ぶざまに倒れた兄を見下ろす

弟子たちよ、今は私の最後の時である。しかし、この死は肉体の死であることを忘れてはならない。肉体は父母より生まれ、食によって保たれるものであるから、病み、傷つき、壊れることはやむをえない。佛の本質は肉体ではない。悟りである。

つらそうな、弟の君。
あの時の表情、近ごろよく思い出す。

君の寂しさ、兄への思いが
今になってようやく僕には
感じ取れるようになった。
君が去り、もう決して会えない
そんな今になって、ようやく。

肩書きに支配されないで

テーブルには
ご馳走と贅沢ビール。
そして家族全員の笑顔があった。
あの日、父さんが部長になった日。

出世した父さんは
日に日に表情が険しくなり
夕食の時間に帰らなくなった。
名刺に書かれた肩書きと地位に
心まで支配されないで。

（スッタニパータ95ー）

「これは我がものである」また「これは他人のものである」というような思いが何も存在しない人、――かれはこのような我がものという観念が存しないから、「我になし」といって悲しむことがない。

父さんは手先がとても器用。
日曜大工で犬小屋だって上手につくる。

日曜大工の作品群と
犬と家族の喜ぶ顔
あれこそ父さんの最高の仕事じゃないの。

この一日を、今あるもので楽しもう

（ウダーナヴァルガ12章7）

老後の貯金のこと。
子どもの教育費のこと。
治療中の持病のこと。

生活の心配で気もそぞろな私たち。
そんな心配のせいで
春の桜も夏の青空も楽しめなくなってない？
青空を目にしたらサッと外に出てみよう。
冷蔵庫にキャベツしか残っていなくても
それで炒め物をつくろう。

「一切の形成されたものは空である」と明らかな智慧をもって観る時に、人は苦しみから遠ざかり離れる。これこそ人が清らかになる道である。

キャベツ本来の美味しさが発見できる。

今日という日はギフトのような一日。
この一日を
今あるもので楽しむ知恵を身につけよう。
今を充実させれば過去と未来への恐怖は和らぎ
もっと逞《たくま》しく、もっと幸せになれるはず。

薬師寺のたからもの

（ウダーナヴァルガ12章19）

玄奘《げんじょう》三蔵《さんぞう》院《いん》伽藍《がらん》は
まるで母の胎内のよう。
その薄暗さは
どこまでも柔らかく温かい。

天井に装飾された
ラピスラズリの青を見上げれば
心は、はるかシルクロード
砂漠の異郷へ飛んでいく。

明らかな智慧（ちえ）を武器とし、瞑想による力をそなえ、心が統一し、瞑想を楽しみ、気をつけている人は、世の中の興亡盛衰（こうぼうせいす い）を悟って、智を具現した人として、あらゆる事柄から解脱する。

寺が大切に保存し修復してきた
一級の美術品や文化財。
私たちを空《くう》の世界へ誘《いざな》ってくれる。

のびやかに広がる薬師寺の境内。
金堂、西塔、東院堂。
美と宝物に触れる
瞑想のような、贅沢な時間。

二十歳《はたち》、若さの最高潮にいるあなたへ

（ダンマパダ48）

携帯電話を握り締めて
泣いている、娘よ。
ああ、二十歳。

椿の花のような
若さの最高潮にいるあなた。
髪を染めタトゥを腕に彫っても
それでも輝くような美しさ。

花を摘むのに夢中になっている人が、未だ望みを果たさないうちに、死に神が彼を征服する。

燃えるような心と身体をもてあまし
自分で自分が制御できないあなた。
それでいい。それこそが若さ。

どうか冷笑的な大人にならないで。
今の苦しさを味わい
そして乗り越えれば
やがて素敵な女性になれるから。

愛する人ができたとき

愛する人ができたとき
その人に永遠の愛を誓わせないで。
いつかは別れがくることを覚悟して。

あなたに愛する子が生まれたとき
その愛らしさを永遠だと思わないで。
やがてさよならと母に手を振り
新しい伴侶の手を取り、去って行くもの。

本当の愛。

（ダンマパダ―170）

世の中は泡沫（うたかた）のごとしと見よ。世の中はかげろうのごとしと見よ。世の中をこのように観ずる人は、死王もかれを見ることがない。

それは別れを前提として存在する。
相手に約束を求めぬ勇気こそ、真実の愛を生む。
愛とは、あなたの燃え立つような、勇気。
愛とは、あなたの震えるような、覚悟。

まずは自分から始めようよ

もっと会社から評価されたい。
もっと家族から尊敬されたい。

もっとを望むあなたに尋ねたい。
あなたは会社を高く評価してるの？
昼休みに転職サイトをチラチラ見てるのに？

あなたは家族を敬愛してきたの？
お父さんの肌着と自分のは
分けて洗濯しているくせに？

（ダンマパダー７２）

また以前は怠りなまけていた人でも、のちに怠りなまけることが無いなら、その人はこの世の中を照らす。——あたかも雲を離れた月のように。

相手に何かを望む前に
自分から相手へ与えようよ。
会社を愛し
家族を大切にする。
先にあなたが始めれば
やがてまわりも変わっていく。
そうやってあなたが世の中を変えていける。

昔と今を比べるのはやめよう

（ダンマパダ277）

子ども4人を一人で育てた
立派な職業婦人のおばあちゃん。

今は何度も食事を要求し
おむつしている認知症のおばあちゃん。

涙を流す母さん、つらいよね。
同じ人がこんなに変わってしまったと。

昔と今を比べるのやめようよ。

「一切の形成されたものは無常である」〈諸行無常（しょぎょうむじょう）〉と明らかな知慧（ちえ）をもって観る時に、人は苦しみから遠ざかり離れる。これこそ人が清らかになる道である。

新しい名前をつけようか。
静江じゃなくてティファニーさん。

立派な母という過去の幻影。
そこに縛られるから苦しむの。
この新しいティファニーさんと
うまく付き合っていこうよ。

余計なものを捨てよう

部屋が狭いと文句言っても
しょうがないじゃない。
大都会の２ＬＤＫ暮らし
うちの稼ぎじゃこんなもん。

家族３人みんなで掃除して
いらないものを捨てようよ。
使わないお皿を引っ張り出し
本棚も整理、古い雑誌は全部処分。
クローゼットなんて開けてごらんよ。

（ダンマパダ２７８）

「一切の形成されたものは苦しみである」〈一切皆苦（いっさいかいく）〉と明らかな知慧（ちえ）をもって観る時に、人は苦しみから遠ざかり離れる。これこそ人が清らかになる道である。

着ない服であふれ返ってる。
これだけムダを溜め込んで
太りすぎの猫みたいな私たち。
まずは小さな余計なものを
整理し捨て去っていけば、
意外と大きな空間が現れるはず。

本当は、何も持っていない私たち

（ダンマパダ279）

土地と家屋は
一生ものって言うけど
土砂崩れや津波が来れば
立派な家だって木っ端みじん。

頑張って築いた
地位や肩書きも
会社を辞めればそこでおしまい。

永遠の愛を誓った最愛の人だって

「一切の事物は我ならざるものである」〈諸法無我（しょほうむが）〉と明らかな知慧（ちえ）をもって観る時に、人は苦しみから遠ざかり離れる。これこそ人が清らかになる道である。

いつ死に別れるか
いつ心変わりするか分からない。

「自分のもの」って思い込んでいるけど
私たちの持っているものはすべて仮のもの。

あの気難しかった庭師のじいさん

（ダンマパダ290）

あの気難しかった庭師のじいさん
最近やること変わったね。

昔は自分の庭だけチョキンチョキン。
きれいに整えあとは知らんぷり。
近所付き合いなんて興味もなく。

近ごろ大きく変わったね。
みんなの広場で草むしり。
子どもたちのため砂場をきれいに掃除して

つまらぬ快楽を捨てることによって、広大なる楽しみを見ることができるのなら、心ある人は広大な楽しみを望んで、つまらぬ快楽を捨てよ。

小さな花まで植えている。
あの気難しかった庭師のじいさん
子どもたちに囲まれて
小さなたき火を始めたね。

子どもたちの歓声と
パチパチ音を鳴らす炎の前で
今幸せそうに笑ってるね。

コラム　空《くう》の思想

「空」とは、ありとあらゆるものは仮の姿であり、本質ではないとする考え方です。物の存在やありようを否定し、私たちがそれらを認識することまで、つまり私たちの感覚世界まで大きく否定します。

「常に気をつけて、世界を空であると観ぜよ」――『スッタニパータ』（1119偈）。初期佛典においてすでに登場する空の思想は、大乗佛教の確立者であり西暦150年～200年頃の人と言われるナーガルジュナ（龍樹《りゅうじゅ》）によって体系化されました。一切は空である、神も世界も私すら本当には実在しない。インド佛教が生んだこのユニークな全否定の思想は、やがて東への伝播、つまりチベット、中国、日本への佛教東漸《とうぜん》の中で、真の豊かさへ到る空、真理としての空といった、肯定感あふれる思想としてまとめられていくのです。

第五章
幸せに向かって進む

一汁一菜の贅沢

一汁一菜。
その良さを楽しもう。

おかず一品に、汁物一つ。
そして一杯のごはん。
テーブルに三つ並んだお皿。
そのシンプルな美しさ。

食の豊かな現代。
ちょっと贅沢な食事が続いたら

（ウダーナヴァルガ29章14）

常に心を落ち着けて、食物を得ても食事の量を知っている人にとっては、諸の苦痛の感覚は弱まっていく。寿命は徐々に老い朽ちて、過ぎ去っていく。

サッと粗食に原点回帰しよう。

物足りないくらいの量を
静かに味わう。
その素朴さが
波立った心と体を
静めてくれるから。

ふわりと自由なあのおじさん

（ウダーナヴァルガ29章43）

私、憧れてるんだ。
独身らしい、あのおじさん。
休日は猫を膝にのせて
何か歌を口ずさんでいる。

車は持たずいつも自転車。
雨の日はレインコート着て
チリンチリン
ベル鳴らしてる。

愚者の間に混っている賢者は、物を言わなければその存在が知られない。しかし物を言って、汚れのない境地を説くならば、その存在が知られる。

クリスマスまでに彼氏と
仲直りしなきゃとか
30までに結婚したいとか
煩悩だらけの私なのに。

なぜか、あのおじさんを見ると
明日も頑張ろうなんて
ちょっと謙虚に思えるんだ。

ロータスロード、蓮の道

（ウダーナヴァルガ30章22）

「喜光寺《きこうじ》」
「唐招提寺《とうしょうだいじ》」
「薬師寺」
三つの寺をつなぐ道が
ロータスロード、蓮の道。

大陸にゆかりをもつ三つの寺には
大陸から渡来した蓮がよく似合う。

泥水を吸って花開く蓮の

佛の現れなさったのは楽しい。正しい教えを説くのは楽しい。つどいが和合しているのは楽しい。和合している人々が修養しているのは楽しい。

その逞《たくま》しい、美しさ。
紅に近いピンクの花。
輝くような純白の花。

生老病死《しょうろうびょうし》の苦しみも
力強く乗り越えて咲く
この蓮のように
私も清らかな花を咲かせたい。

してあげちゃダメなのよね

（ウダーナヴァルガ30章32）

母さん頼りにしてるわ
娘のこの一言で
何でもやってあげる私。
ダメな母親ね。

これもお願いしていい？
同僚からもべったり甘えられ。

やってあげるのは
その人のためになってない。

重い荷物を捨てた後には、荷物をさらに引き受けるな。荷物を引き受けることは最上の苦しみである。荷物を投げ捨てることは楽しい。

分かっているのに
手が出てしまう。

「やってあげる」の大半は
本来相手がすべきこと。
それを私が取っちゃダメなのよね。

たまには美味しいもの、食べに行こうよ

（ウダーナヴァルガ30章41）

えっ！　46歳なんて信じられない。
お若いですね！
そう言われると姉さんニッコリ。

その美貌は努力と根性のたまもの。
エステ通いに加圧トレーニング。
まるで化粧品の実験室みたいな
ボトルだらけの姉さんの鏡台。

でも長いこと食べてないね

何物も持っていない人々は楽しんでいる。何物も持っていない人々は智慧（ちえ）の徳を持っているからである。見ろ。人々は人々に対して心が縛られ、何物かをもっているために、かえって悩んでいる。

焼肉。
姉さん大好きだったね
ロースとホルモン。

たまには二人で
美味しいもの食べて
ちょっと心を休ませようよ。

もっと軽やかな恋愛がしたいな

（ウダーナヴァルガ31章41）

友情のように爽やかな
恋愛ができたらいいなあ。

男と女の
駆け引きだらけの関係じゃなく
軽やかな関係を育めたらいいな。

相手を所有しようとか
見苦しい欲のぶつけ合いをせず

ひとりで林の中で楽しむものであるから、長い牙のある象が他の象と会うように、心が心と会うのである。

一緒に過ごして手を振り別れたら
その後しばらく会わなくても平気。
次に会ったら、やあ元気と
軽く声をかけあえるような

そんな軽やかな付き合いが
好きな人とできたらいいのになあ。

いやいや、彼には及びません

（ウダーナヴァルガ31章60）

人と人を競わせたがる
私たちの社会
二匹の軍鶏《しゃも》を戦わせ
眺めて興奮する男たちのように。

学校で、職場で、クラブ活動で
あなたのライバルを設定されたら
「いやいや彼には及びません」
妙な戦いからは
サッと降りるのが賢明。

心を制することは楽しい。あなたたちは心を守れ。怠るな。心がよく守られているのならば、ある生ける者どもは安らぎに達する。

真の戦いとは自分との闘い
他者との戦いには
あえて参戦しないこと。
それが、真の強者への道。

幸せの条件

十分な預金と大きな家
そして気の利くお手伝いさん。

これが全部あれば
あなたの不安や寂しさは
一切消えますか。

「金目当ての人ばかり寄って来る」
「誰も本音で付き合ってくれない」
今度はそう言い出すんじゃない？

（ウダーナヴァルガ32章30）

この世で自分にとって苦しみの滅びてなくなることを明らかに知り、善い智慧（ちえ）ある人を、〈常に戒めをたもち汚れの無い人〉と呼ぶ。

人間って貪欲《どんよく》でわがまま。
何かを手にしてもすぐに慣れて
新たな欲にとりつかれる。

今の環境に楽しさを見出し
手にしたもの以上を望まない。
それが幸せへの条件。

今日は一人になりたい

ごめん、ごめんよ。
今日は一人になりたいんだ。

みんなと飲む酒も
週末のキャンプも
大好きなんだけど。

いつも一緒にいるせいか
みんなの悪いところばっかり
見えてきて。

（ダンマパダ61）

旅に出て、もしも自分よりも優れた者か、または自分にひとしい者に出会わなかったら、むしろきっぱりと独りで行け。愚かな者を道伴（みちづ）れにしてはならぬ。

そんな自分も嫌なんだ。

だから今日は一人
いつもと違う所へ行ってみたい。

どうせすぐに
君たちが恋しくなるだろうから
その時はどうか笑顔で迎えておくれ。

あの切なげな、二胡《にこ》のしらべ

（ダンマパダー100）

古くから伝わる
中国の楽器。
その名は二胡。

北方の異民族が
もたらしたという
優しい音色の擦弦楽器《さつげんがっき》。

気が滅入って寝苦しい夜は
二胡の曲をじっくり聴くの。

無益な語句を千たび語るよりも、聞いて心の静まる有益な語句を一つ聞くほうが優れている。

聴き続けると
ひとつふたつ
こぼれ落ちる涙。

どんな文字も言葉も及ばない
切なげな二胡の調べ。
本当につらい時の
私の至高の癒し。

ニルヴァーナの境地へ

（ダンマパダ２０４）

それは煩悩の炎が
ふっと吹き消された状態。
異国の言葉で語られる
ニルヴァーナ。

あたりまえの日常に喜び
形あるものとの別れを
覚悟しながら生きる。

そうすれば少しずつ

健康は最高の利得であり、満足は最上の宝であり、信頼は最高の知己であり、ニルヴァーナは最上の楽しみである。

ニルヴァーナへ近づける。

怒りから解放され
もっと自由になれるなら
その境地へ到りたい。

ニルヴァーナは最上の楽しみ
そうお釈迦さまは言うのだから。

真似てみようよ、彼女を

（ダンマパダ258）

彼女の明るい笑顔が素敵なら
その笑顔を真似てみる。

彼女の話し方が知的なら
その口ぶりを真似てみる。

小鳥たちが互いに真似っこするように
人の良いところ
魅力的なところを
真似てみよう。

多く説くからとて、それゆえにかれが賢明なのではない。心穏やかに、怨むことなく、恐れることのない人、――かれこそ〈賢者〉と呼ばれる。

同性だからってすぐ嫉妬したり
相手の弱みを探したりせず。

魅力的な彼女の良さを
自分の中にも取り入れてみる。
そんな素直で愛らしい
大人でいたいな。

親として子どもに残せるもの

（ダンマパダ273）

子どもに残せるもの
それは教育、教養、そして道徳。
いずれも目で見えないものだけど。

計算のしくみや物理を理解し
言葉を正しく使って
世界のありようを学ぶ、教育。

美術や音楽を通して
心の豊かさを磨く、教養。

もろもろの道のうちでは〈八つの正しい道・八正道（はっしょうどう）〉が最も優れている。もろもろの真理のうちでは〈四つの句・四諦（したい）〉が最も優れている。もろもろの徳のうちでは〈情欲を離れること〉が最も優れている。人々のうちで〈眼ある人・ブッダ〉が最も優れている。

善悪の区別と優しさ
弱いものに手をさしのべる、道徳。
親として子に与えられるもので
これ以上のものがあるだろうか。

結局、すべては自分次第

一日一日を全力で生きよう。
自分の一日に納得ができれば
外から入ってくる雑音に
心は煩わされない。

満たされた一日の終わりに
多少嫌なことが起こっても
やることはやったと
まあいいかと、流せるもの。

（ダンマパダ333）

老いた日に至るまで戒しめをたもつことは楽しい。信仰が確立していることは楽しい。明らかな知慧（ちえ）を体得することは楽しい。もろもろの悪事をなさないことは楽しい。

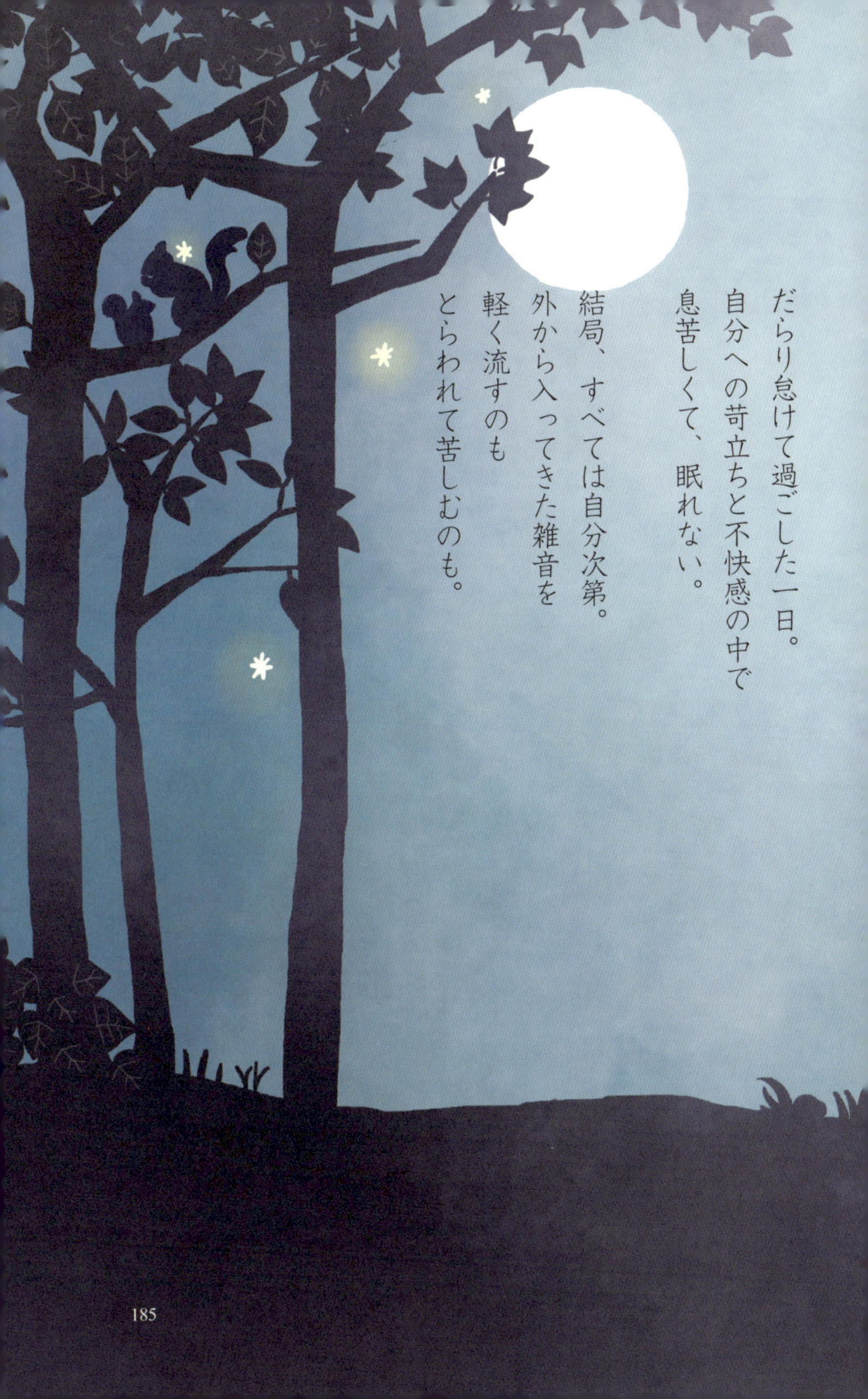

だらり怠けて過ごした一日。
自分への苛立ちと不快感の中で
息苦しくて、眠れない。

結局、すべては自分次第。
外から入ってきた雑音を
軽く流すのも
とらわれて苦しむのも。

この瞬間を幸せに

子どもや孫や友人が
何かしてくれるのを
待つのは、やめよう。

正月なのに顔も見せない。
初節句なのに声もかけない。
ないないで恨んでもしょうがない。

あなたが生きてきたあかし
それは子や孫だけじゃないはず。

（スッタニパータ940）

そこで次に実践のしかたが順次に述べられる。――世間における諸々の束縛の絆にほだされてはならない。諸々の欲望を究めつくして、自己の安らぎを学べ。

もっと自分を大切に生きよう。
春の日にふわふわと舞う
あのモンシロチョウのように
心躍らせて
今この瞬間を幸せにしよう。

ブッダについて

ブッダ（お釈迦さま）は、紀元前5世紀のインドに現れ、バラモン教を中心としていた古代インド社会に思想的革命を起こした人物です。お釈迦さまはシャーキャ族の第一王子として、現在のネパールに生まれたと伝えられています。皇子として何不自由なく暮らしていたお釈迦さまですが、城門の外で人々の苦しみに満ちた姿を直接ご覧になって、出家修行者になったと言われます。お釈迦さまは人生そのものを「苦」と看破し、人間がその苦しみの中でいかに生きるか、を問い続けました。修行を経て悟りを開かれた後も、お釈迦さまは弟子たちと共に旅しながら説法を続け、八十歳の時クシナーラで入滅したと伝えられています。後に「対機説法」と呼ばれる、相手のレベルに応じた易しいたとえ話を用いて、お釈迦さまは説法をされました。原始佛典「ダンマパダ」や「スッタニパータ」には、当時のままのお釈迦さまのお話が多数収められており、象や犀《さい》、猿といった動物たちも寓話の中に登場します。こういった対機説法で、身分を問わず多くの人々に語りかけたことにより、お釈迦さまのもとには、遊女から大貴族まで、教えを求める人々が集まったのです。当時はバラモン教の爛熟《らんじゅく》期でした。細分化されたカースト制度と格差社会の中で生きていた人々にとって、アートマン（我）や、神や、いけにえを論じることのないお釈迦さまの現実的な教えは、驚天動地の新鮮さで受け止められたのです。教団は、瞬く間に巨大化し、やがて「佛教」として世界四大宗教の一つに数えられるほどの発展を遂げることになります。

薬師寺について

薬師寺は天武9年（680年）、白鳳《はくほう》時代に第40代天武天皇が皇后（後の持統天皇）の病気平《へい》癒《ゆ》と、国民の幸せ・健康を願って建立《こんりゅう》されました。天武天皇の崩御の後は、続いて即位された皇后（持統天皇）がその遺志を引き継ぎ、18年の年月をかけて完成させました。創建当時は藤原京に建てられましたが、平城遷都に伴い、718年に現在の場所（奈良市西ノ京町）に移転。宗派は法相宗《ほっそうしゅう》の大本山で、「西遊記」で親しまれている玄奘三蔵法師《げんじょうさんぞうほうし》と、教義を任されていた慈《じ》恩大師《おんたいし》の師弟がまとめた「瑜伽唯識《ゆがゆいしき》」という教えをもとに開かれました。

薬師寺の伽藍《がらん》配置は、中央に金堂、金堂の手前東西に両塔、金堂の背後に講堂、それらを取り囲むように回廊を配したスタイルで、「薬師寺式伽藍配置」と呼ばれています。東塔《とうとう》の各階には裳階《もこし》といわれる小さな屋根があり、一見すると六重の塔のように見えますが、正しくは三重の塔です。天武天皇と持統天皇を大きい屋根と小さな屋根に見立てて表現しているともいわれています。また、塔の上の水煙《すいえん》には火災に遭わぬようにという願いを込めて、24人の飛天が音楽を奏で、花を蒔《ま》き、祈りを捧げる姿が透かし彫りされています。数度の災害と享禄《きょうろく》元年（1528年）の兵火《へいか》により、創建当時の建造物は東塔のみが現存。その後、金堂、西塔、中門、回廊、大講堂がそれぞれ有縁の人々のお写経勧進《かんじん》によって復興されています。平成10年（1998年）12月には、「古都奈良の文化財」としてユネスコの世界遺産に登録されました。また、薬師寺には薬師三尊像《やくしさんぞんぞう》や東塔をはじめとする、多くの国宝や重要文化財が伝えられています。

穏やかな心になれる

ブッダの言葉

エッセイ

◇監修　加藤朝胤（かとうちょういん）

1949年、愛知県尾西市（現一宮市）生まれ。法相宗宗務長。法相宗大本山 薬師寺執事長。龍谷大学文学部特別講師、NHK文化センター講師、朝日カルチャーセンター講師、中日文化センター講師などを務める他、NHK「こころの時代」など、TV・ラジオでも活躍。各地で講演会や辻説法も開催。著書に「今あるものに気づきなさい」、監修書に「般ニャ心経」「般若心経エッセイ」「般若心経 写経手帳」「おしえてほとけさま」「柴犬まるのワン若心経」（以上、全てリベラル社）など。

薬師寺　http://www.nara-yakushiji.com

◇文　菅原こころ

1976年、大分県生まれ。同志社大学文学部卒業。広告代理店のディレクターを経て独立し、フリーへ。「別冊宝島」（宝島社）、「時空旅人」（三栄書房）など教養誌へ記事執筆、「常識なんてにゃんセンス」「般ニャ心経」（以上、全てリベラル社）などで取材・文を担当。戦争、宗教、歴史哲学など人の心が生み出す諸相に興味を持つ。名古屋市在住。

二〇一六年七月二七日　初版

監修　加藤朝胤
文　菅原こころ
絵　井上賀奈子（chica）
装丁　宮下ヨシヲ（サイフォン・グラフィカ）
本文デザイン　渡辺靖子（リベラル社）
編集人　伊藤光恵（リベラル社）
発行者　隅田直樹
発行所　株式会社リベラル社
〒460-0008
名古屋市中区栄3-7-9　新鏡栄ビル8F
TEL　052-261-9101
FAX　052-261-9134
http://liberalsya.com
発売　株式会社　星雲社
〒112-0012
東京都文京区大塚3-21-10
TEL　03-3947-1021

ISBN978-4-434-22258-0